CW01666569

Vacaciones Santillana

70 ejercicios para mejorar la comprensión lectora

Lectura

1º PRIMARIA

¡Qué alegría me da verte!

Durante este verano pasaremos algunos ratos juntos y espero que seamos amigos. En este cuaderno encontrarás textos estupendos con preguntas que te ayudarán a comprender lo que has leído. Mi trabajo será ayudarte en las actividades para que las hagas muy bien. A veces me muestro bueno y colaborador, y otras veces, un poco malvado.

Ahora quiero darte algunos consejillos para que trabajes mejor:

- Dedica todos los días un rato a hacer los ejercicios; no te llevará demasiado tiempo y te permitirá repasar lo que ya sabes y prepararte para el nuevo curso.
- Lee los textos dos veces antes de realizar los ejercicios. Y atiende bien a las indicaciones que yo te doy, porque te van a ayudar mucho.
- Haz las actividades con cuidado; escribe con lápiz por si te equivocas y tienes que borrar.
- Si necesitas ayuda para realizar algún ejercicio, puedes mirar en el solucionario que se encuentra al final del cuaderno, pero es mejor que intentes resolverlo sin consultar.
- Cuando acabes el cuaderno, comprueba las soluciones.

¡Nos vemos en la página 6!

Índice

Presentación 3

Índice / Programación 4

1 Los timpis 6
Los nombres y su representación en pictogramas.

2 Canción del burro enfermo 8
Vocabulario de partes del cuerpo.

3 La carta 10
Elementos de las cartas.

4 Una lagartija busca amigos 12
Secuencia temporal. / Vocabulario.

5 Los juguetes 14
Instrucciones gráficas. / Secuencia temporal.

6 Receta de macarrones 17
Organización de los datos de una receta. / Vocabulario.

7 Las vacaciones de la bruja 18
El calendario. / Las acciones de los personajes.

8 Somos deportistas 20
Vocabulario relacionado con los deportes. / Secuencia temporal.

9 Las rebajas 22
Vocabulario sobre prendas de vestir. / Relación entre textos e imágenes.

10 Tristán y la trompeta 25
Lectura expresiva: palabras que riman. / Palabras con *tr*.

11 Un billete de avión 26
Lectura de información.

12 El brujo Amable 27
Lectura expresiva.

13 El tejón remojado 28
Secuencia temporal. / Palabras con *j* y con *g*.

14 Mi familia 30
Uso de las mayúsculas. / Vocabulario sobre relaciones familiares.

15 El árbol feo 32
Características de los personajes.

16 La historia de risa de la osa Felisa 36
Secuencia de un texto acumulativo. / Mayúsculas en nombres propios.

17 Doña Pito Piturra 37
Lectura expresiva. / Rimas.

18 Un delfín 38
Nombres de animales del mar. / Rimas.

19 Los monos y los gorilas 40
Semejanzas y diferencias.

20 El mapa del tesoro 42
Lectura de imágenes. / Relación entre afirmaciones e imágenes.

21 Quién es quién 43
Identificación de los elementos de una imagen.

22 Tarta de queso 44
Lectura y comprensión de instrucciones.

23 El escondite 46
Relación entre textos e imágenes. / Comprensión de datos.

24 Adivina adivinanza 48
El sentido figurado de los textos.

25 ¡Qué lío de bichos! 50
Descripción de personajes. / Nombres propios.

26 Los habitantes de la laguna 52
Datos verdaderos y datos falsos en un texto.

27 Una historia fea 54
Descripción de personajes. / Palabras que explican cómo son los elementos de la historia.

28 Una historia bonita 55
Palabras que significan lo contrario.

29 Sapo y Sepo son amigos 56
Comprensión de las situaciones que componen una historia.

Solucionario 60

1 Los timpis

- Los nombres y su representación en pictogramas.

Estos son los timpis.

Los timpis van a la escuela del bosque con los animales. Aprenden las letras: ya saben la **a** de ardilla, la **e** de elefante, la **i** de iguana, la **o** de oso y la **u** de urraca.

1 Une con flechas. Después, copia los nombres.

	ESCUELA	elefante	_____
	BOSQUE	letras	_____
	LETRAS	bosque	_____
	ARDILLA	escuela	escuela
	ELEFANTE	iguana	_____
	IGUANA	ardilla	_____
	OSO	urraca	_____
	URRACA	oso	_____

2 Completa con las vocales.

La ____ de elefante.

La ____ de ardilla.

La ____ de oso.

La ____ de iguana.

La ____ de urraca.

3 ¿Qué hacen los timpis en el colegio? Completa.

dibujan recortan juegan escriben

Los timpis ____________________

____

____

____

2 Canción del burro enfermo

- Vocabulario de partes del cuerpo.

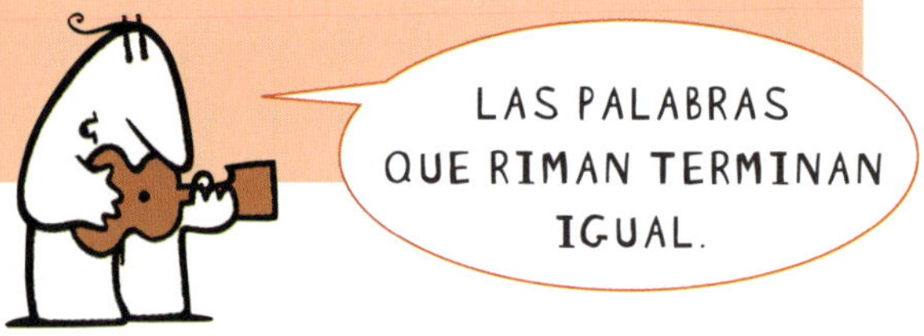

A mi burro, a mi burro
le duele la cabeza,
el médico le ha puesto
una corbata negra.

A mi burro, a mi burro
le duele la garganta,
el médico le ha puesto
una corbata blanca.

A mi burro, a mi burro
le duelen las orejas,
el médico le ha puesto
una gorrita negra.

1 Subraya en el texto las palabras que nombran partes del cuerpo.

2 Lee y elige el verso que falta para que rime.

ponerse pendientes

agua con regaliz

Al muñeco de trapo
le duele la nariz,
el médico le manda
____

Al muñeco de trapo
le duelen los dientes,
el médico le manda
____

3 Lee y une con una línea. Después, copia.

frente

oreja

ceja

ojo

mejilla

barbilla

4 Rodea la persona que se indica en cada caso.

el más alto

el más delgado

3 LA CARTA

- Elementos de las cartas.

Hola abuelos:

Os escribo esta carta sentada en un tronco detrás de mi tienda de campaña. Ahora estamos acampados cerca de un río.

Esta mañana he visto una rana y también muchas lagartijas. Diego quería coger a la rana, pero se ha escapado saltando.

Papá dice que mañana haremos una marcha siguiendo el cauce del río, para ver dónde nace. Seguro que será divertido.

Le diré a mamá que haga unas fotos y os las enseñaremos al volver a casa.

Un beso muy fuerte.

Celia

1 Subraya, en la carta, el saludo. Después, cópialo con buena letra.

____

2 ¿Quién escribe la carta? ______________________________

3 Copia, con buena letra, la despedida.

____

4 Colorea a Celia, la tienda de Celia y todos los animales que aparecen en la carta y que están en el dibujo.

5 Descubre lo que llevará Celia a la excursión.
Une los puntos siguiendo los números.

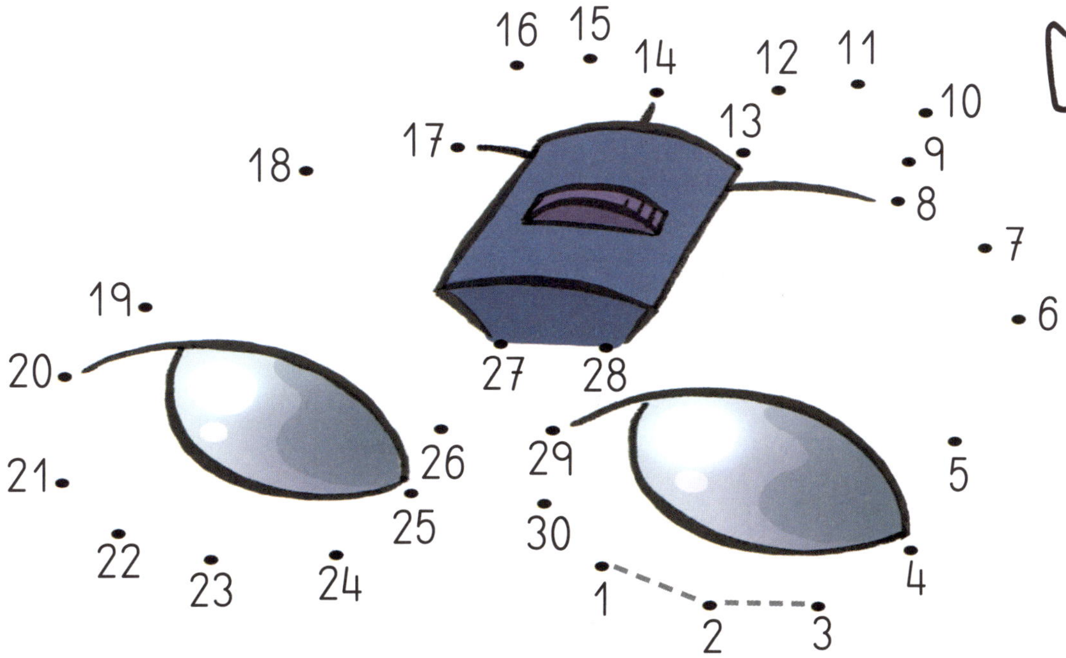

4 UNA LAGARTIJA BUSCA AMIGOS

- Secuencia temporal.
- Vocabulario.

La lagartija nació una dorada mañana. Rompió el huevo, abrió los ojitos, estiró las patas y desenroscó su colita verde. La lagartija trepó hasta una roca y vio la pradera allá abajo. La pradera era de color verde, como su colita, y tenía flores.

En la pradera vio a un ternerillo saltando y brincando cerca de su madre. Vio también a dos corderitos que comían hierba junto a su mamá. Y vio a tres gatos pequeños que jugaban al corro y a la madre gata que no les quitaba los ojos de encima. Y también vio en la pradera a mamá gallina con sus diez pollitos, busca que te busca semillas y granos.

Al poco tiempo, la lagartija encontró a un grupo de lagartijas y se fue muy contenta a jugar con ellas.

1 Rodea con un círculo rojo los nombres de animales y con un círculo azul los nombres de colores.

2 Contesta.

¿De qué color era la pradera que vio la lagartija?

....

3 Inventa un nombre para la lagartija.

4 Numera los dibujos tal como ocurrió en el cuento. Después, colorea.

5 Los juguetes

- Instrucciones gráficas.
- Secuencia temporal.

Marga y sus primos han pasado la mañana en la piscina. Están cansados y han decidido jugar un rato en casa. Alberto, el primo mayor, ha tenido una gran idea. Les ha propuesto hacer molinillos y jugar con ellos en la terraza. Todos han estado de acuerdo y se han puesto manos a la obra.

1 Han necesitado estos materiales. Une cada palabra con su dibujo.

pinturas

papel

punzón

pajitas

tijeras

lápiz

2 Numera en orden los pasos que hay que seguir para construir un molinillo.

3 Escribe los pasos para construir el molinillo. Después, constrúyelo.

1.º Recorta ______________________________

2.º Colorea ______________________________

3.º Recorta ______________________________

4.º Dobla ______________________________

5.º Pincha todo en un palo.

6.º ______________________________

6 RECETA DE MACARRONES

- Organización de los datos de una receta.
- Vocabulario.

1 Copia donde corresponde los ingredientes y las instrucciones para cocinar unos macarrones.

- Queso rallado.
  - Cocer los macarrones con agua y sal.

- Un bote de tomate.
  - Añadir el tomate frito a los macarrones y revolver.
  - Echar el queso sobre los macarrones y gratinar.
- Un paquete de macarrones.

Ingredientes:

____

____

Forma de hacerlo:

____

____

____

____

7 Las vacaciones de la bruja

- El calendario.
- Las acciones de los personajes.

1 Marca sólo las cosas que hará la bruja en vacaciones.

- [ ] El día 1 de julio, ir a la casita de chocolate.
- [ ] El día 2 de julio, ir de compras.
- [ ] El día 3 de julio, capturar a Hansel y Gretel.
- [ ] El día 10 de julio, visitar a Merlín.
- [ ] El día 11 de julio, ir de excursión al campo.
- [ ] El día 14 de julio, hechizar a Cenicienta.
- [ ] El día 15 de julio, embrujar a Blancanieves.
- [ ] El día 25 de julio, ir a la fiesta de las brujas.
- [ ] El día 27, ir al castillo de Irás Y No Volverás.
- [ ] El día 31, volver a trabajar.

2 Colorea en el calendario los días en los que la bruja tiene alguna actividad.

JULIO

L	M	X	J	V	S	D
1	2	3	4	5	6	7
8	9	10	11	12	13	14
15	16	17	18	19	20	21
22	23	24	25	26	27	28
29	30	31				

8 SOMOS DEPORTISTAS

- Vocabulario relacionado con los deportes.
- Secuencia temporal.

Cada día mi hermano
y yo hacemos deporte.

Por la mañana, vamos a patinar
y después, jugamos un partido de tenis.

Por la tarde, nadamos en la piscina.
Después, merendamos y al acabar de
merendar, jugamos un partido
de fútbol.

Nos divertimos mucho, pero... ¡uf!,
qué cansancio.

1 Subraya en el texto las palabras relacionadas con los deportes.

2 Escribe el nombre del deporte que han practicado con cada objeto.
Después, numera en el orden que aparecen en el texto.

◯ 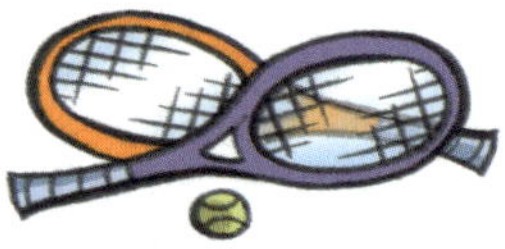

____

(1) 

____

◯ 

____

◯ 

____

3 Relaciona. Después, copia con buena letra.

Juego al tenis	con los patines.
Voy a patinar	con la raqueta.
Juego al fútbol	con las gafas.
Voy a bucear	con el balón.

Juego al tenis

4 Contesta.

¿Qué deporte te gusta más? ¿Por qué?

¿Qué necesitas para realizarlo?

9 LAS REBAJAS

- Vocabulario sobre prendas de vestir.
- Relación entre textos e imágenes.

Hoy han empezado las rebajas y la familia de Enrique ha aprovechado para comprar la ropa que necesita. Tomás, el padre, se ha comprado un pijama. Laura, la madre, un chándal. Andrea, la hermana de Enrique, unos pantalones. Y Enrique se ha comprado una camiseta y un bañador.

1 Averigua los números que corresponden a Enrique y su familia y escríbelos. Después, escribe los nombres.

◯ ____________________ ◯ ____________________

◯ ____________________ ◯ ____________________

2 Rodea en el texto las palabras que nombran prendas de vestir.

3 Colorea la ropa, recorta con cuidado y juega a vestir el muñeco.

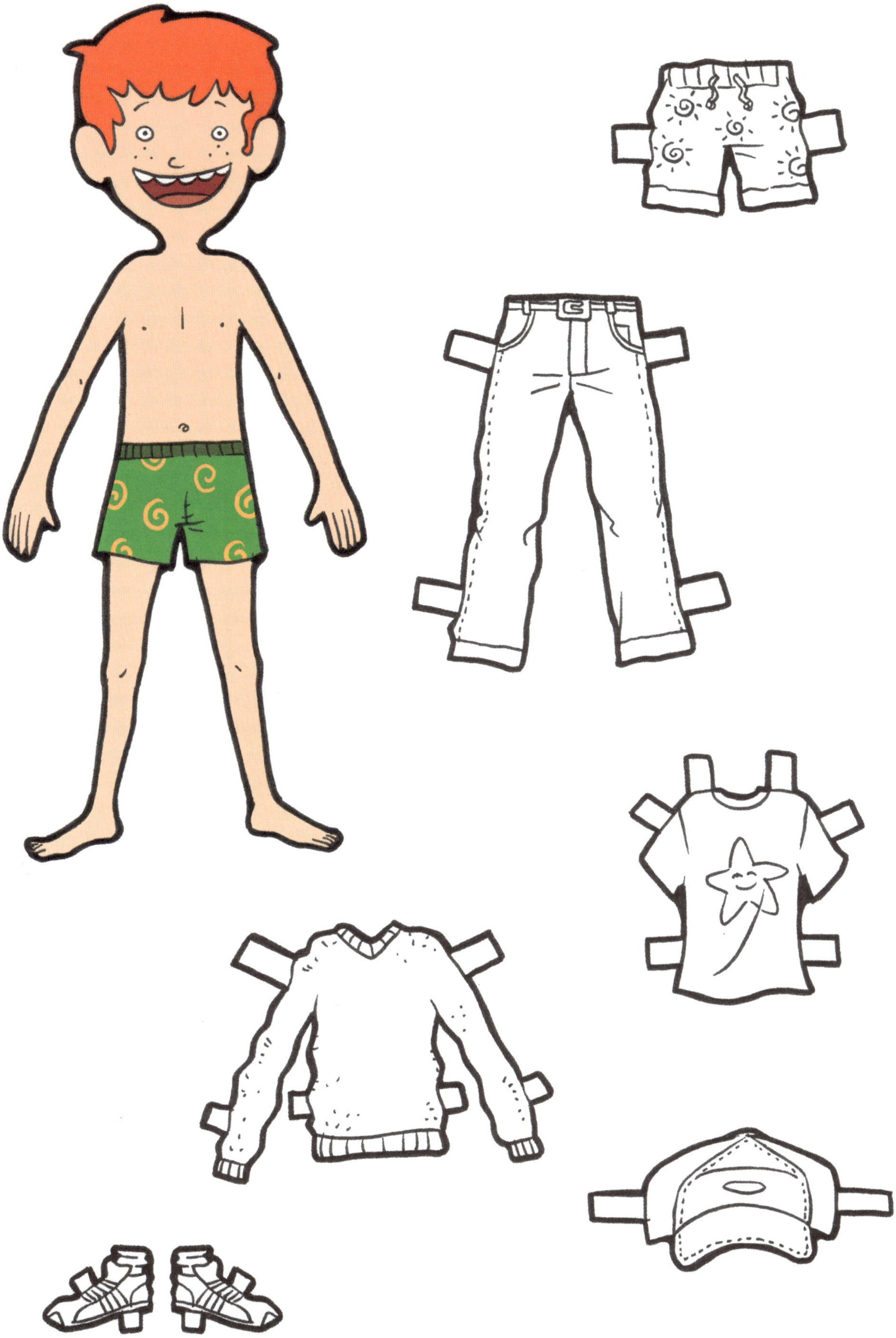

10 *Tristán y la trompeta*

- Lectura expresiva: palabras que riman.
- Palabras con *tr*.

El elefante Tristán
tiene la trompa de trapo
y hace sonar su trompeta
por la mañana temprano.

El mono estaba dormido
tranquilamente roncando,
se despierta con el ruido
y se levanta enfadado.

Va y esconde la trompeta
dentro del tronco de un árbol
y el trompetista se queda
muy triste y destrompetado.

1 Contesta las preguntas. Rodea la que no puedas responder.

¿Cómo se llama el elefante? Se llama ____________________

¿De qué es su trompa? ____________________

¿Qué instrumento toca? ____________________

¿Quién está enfadado? ____________________

¿Cómo sonaba la trompeta? ____________________

11 UN BILLETE DE AVIÓN

- Lectura de información.

La familia de Alicia se va de vacaciones en avión. La ciudad a la que quieren llegar está a muchos kilómetros, pero en el avión tardarán menos de 3 horas. Para poder embarcar tienen que enseñar el billete. Alicia está contenta y algo nerviosa.

1 Observa el billete y subraya:

- Con tu lápiz, el nombre de la pasajera.
- Con pintura azul, el destino.
- Con pintura roja, el número del vuelo.
- Con pintura verde, la hora de salida.

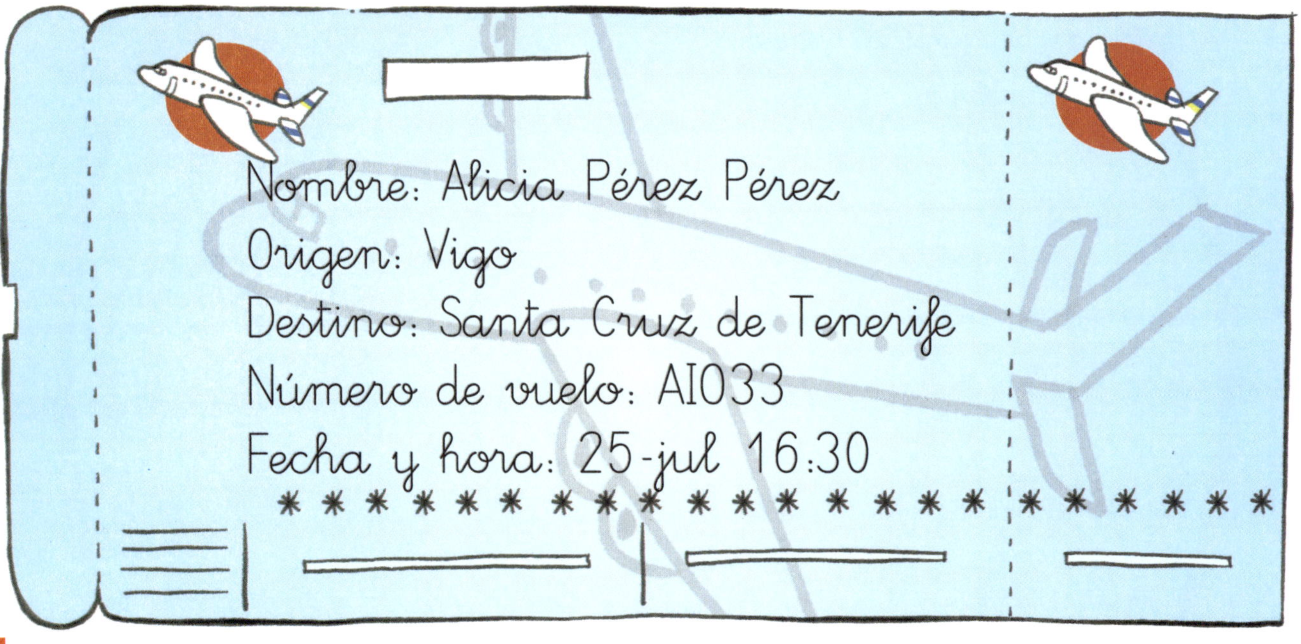
Nombre: Alicia Pérez Pérez
Origen: Vigo
Destino: Santa Cruz de Tenerife
Número de vuelo: AI033
Fecha y hora: 25-jul 16:30

12 El brujo Amable

- Lectura expresiva.

1 Lee el texto.

Amable es un brujo
con pelo de alambre.
Lleva abrigo blanco
y sombrero brillante.

Por la noche vuela
en su escoba plegable
y llama a los timbres
cuando tiene hambre.

Todo el pueblo tiembla
si lo ve en la calle,
pero a mí me parece
un brujo agradable.

2 Rodea de azul las palabras que tienen bl y de rojo las palabras que tienen br.

3 Escribe las palabras que has rodeado.

Palabras con **br**: ______________________________

____

Palabras con **bl**: ______________________________

____

13 EL TEJÓN REMOJADO

- Secuencia temporal.
- Palabras con *j* y con *g*.

Un tejón salió temprano a pasear. De pronto, empezó a llover. El tejón no se quería mojar y corrió a refugiarse en casa de la ardilla. Pero estaba muy alto y no pudo subir al árbol donde vivía su amiga.

Y como el tejón no se quería mojar buscó otro lugar.

El tejón intentó después entrar en la madriguera de la comadreja. Pero el agujero de la entrada era demasiado estrecho.

Y como el tejón no se quería mojar buscó otro lugar.

El tejón quiso protegerse de la lluvia en casa del castor. Pero era una casa bajo el agua y estaba muy mojada.

Como no encontró dónde protegerse de la lluvia, el tejón decidió volver a su casa. Pero estaba muy lejos y, por el camino, el pobrecillo se mojó hasta los huesos.

Cuando el tejón llegó a su casa, dejó de llover. Así que salió de nuevo a pasear para secarse al sol.

1 ¿Qué animales aparecen en el cuento? Márcalos.

◯ Conejo	◯ Castor	◯ Pájaro
◯ Ardilla	◯ Tejón	◯ Comadreja

2 Colorea la viñeta correcta en cada caso. Repasa la oración que corresponde.

El tejón quiso refugiarse en casa de la ardilla.

El tejón se refugió en el nido del pájaro.

El tejón se refugió en la cueva de una coneja.

Quiso entrar en la madriguera de la comadreja.

El tejón llamó a la madriguera del ratón.

El tejón intentó entrar en la casa del castor.

14 Mi familia

- Uso de las mayúsculas.
- Vocabulario sobre relaciones familiares.

Mi padre toca la flauta,
mi madre toca el violín,
mi hermano toca el piano
y a mí me han dado un flautín.

Mi abuelo tiene una trompeta
y no la sabe tocar.
Mi tía es buena soprano,
pero hoy no quiere cantar.

1 Subraya en el texto las palabras que nombran a personas de la familia. Marca los personajes de la ilustración que no aparecen en el texto.

2 Inventa un nombre para cada persona.

 ____________

 ____________

 ____________

 ____________

 ____________

 ____________

3 Haz un dibujo de un miembro de tu familia y completa.

He dibujado a mi ____________

Se llama ____________

Es ____________

____

4 Colorea las palabras que nombran miembros de la familia.

SOBRINA	NIETO	VECINA	ABUELO
AMIGO	PRIMO	TÍO	MADRE

15 EL ÁRBOL FEO

- Características de los personajes.

Era un árbol tan feo, tan feo, que no tenía ni hojas. Estaba solo en el campo y nunca había visto otro árbol. Por eso no sabía que los árboles tienen hojas y por eso no sabía que él era feo.

Pero un día el arbolito oyó decir a los niños:

–¡Qué árbol tan feo! Ni siquiera tiene hojas.

Entonces se puso triste, porque se enteró de que él era feo.

Y el árbol le dijo al Sol:

-Tú, que eres tan poderoso, ¿puedes darme hojas?

Y el Sol le contestó:

-Yo no sé dar hojas a los árboles. Vete tú a buscarlas.

Y el arbolito contestó:

-No puedo, mis pies están clavados en el suelo.

Y pasó el Viento Gris y el arbolito le preguntó:

-Tú, que eres tan poderoso, ¿puedes darme hojas?

Y el Viento Gris le contestó:

-Yo sé quitar las hojas de los árboles, pero no sé cómo se ponen. No puedo ayudarte.

Y pasó la Lluvia y el árbol le preguntó:

-¿Puedes darme algunas hojas para adornar mis ramas?

Y la Lluvia contestó:

-Yo no sé dar hojas a los árboles, yo solo sé llorar. Voy a llorar un ratito por ti.

Y la Lluvia se alejó llorando:

-¡Ay, qué pena, un arbolito que no tiene hojas!

Un día llegaron los niños y el arbolito les oyó decir:

-¡Vamos a adornar este árbol!

Los niños trajeron papeles de colores: rojo, verde, azul, amarillo... Los cortaron en pedacitos y los fueron pegando en el arbolito.

Cuando acabaron, el árbol quedó lleno de hojas. Hojas rojas, hojas azules, hojas amarillas y hojas verdes.

Y pasó el Sol y se quedó un rato largo mirando porque nunca había visto un árbol tan hermoso.

Y pasó el Viento Gris y exclamó:

–¡Vaya con el arbolito! ¡Qué hojas tan bonitas ha encontrado!

Y el Viento Gris dio una vuelta para no arrancarle ninguna.

Y pasó la Lluvia. Y al ver hojas rojas, azules, amarillas y verdes, se le cortaron las lágrimas y pensó:

–¡Vaya, ya no podré llorar más por este arbolito!

Y la Lluvia se fue con sus lágrimas a otra parte.

1 Escribe V (verdadero) o F (falso).

- [ ] El arbolito no tenía hojas.
- [ ] Los niños no se fijaron en el árbol.
- [ ] El Sol dio hojas amarillas al arbolito.
- [ ] El arbolito pidió hojas al Sol, al Viento Gris y a la Lluvia.
- [ ] Los niños llenaron todo el árbol de hojas marrones.
- [ ] El Sol, el Viento Gris y la Lluvia tuvieron mucho cuidado para no estropear las hojas del árbol.

2 Completa la poesía escribiendo cada palabra donde corresponda. Después, haz un dibujo.

me mojo — sopla — llora — calienta

Sopla el viento,

__________ el sol,

__________ la lluvia,

__________ yo.

16 La historia de risa de la osa Felisa

- Secuencia en un texto acumulativo.
- Mayúsculas en nombres propios.

1 Primero, lee. Después, subraya en el texto los nombres de animales y los nombres de personas.

Una osa muy guapa llamada Felisa
salió de su casa a toda prisa.

Por la calle se encontró con el lobo Mariano
y se fueron de paseo los dos de la mano.

La osa y el lobo vieron al zorro Andrés
y a pasear muy contentos se fueron los tres.

2 ¿Cuáles de estas viñetas cuentan la historia de Felisa? Coloréalas.

3 Completa.

 La osa se llama ______________________

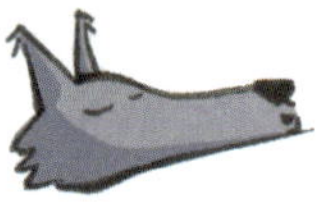 El lobo se llama ______________________

17 DOÑA PITO PITURRA

- Lectura expresiva. Rimas.

Doña Pito Piturra
tiene unos guantes;
Doña Pito Piturra,
muy elegantes.

Doña Pito Piturra
tiene un sombrero;
Doña Pito Piturra,
con un plumero.

Doña Pito Piturra
tiene un zapato;
Doña Pito Piturra,
le viene ancho.

Doña Pito Piturra
tiene unos guantes;
Doña Pito Piturra,
le están muy grandes.

Doña Pito Piturra
tiene unos guantes;
Doña Pito Piturra,
lo he dicho antes.

GLORIA FUERTES

1 Colorea a Doña Pito Piturra.

18 UN DELFÍN

- Nombres de animales del mar.
- Rimas.

¡Un delfín!, grita el niño desde la playa.
Su hermana, con un cangrejo en la mano, mira asombrada.
El delfín se aleja saltando las olas.
El cangrejo se escapa y se entierra en la arena. Los niños se ponen las gafas y observan un pulpo que nada a su lado.

1 Rodea en el texto los nombres de los animales.

2 Busca en la sopa de letras seis animales del mar y escribe sus nombres.

C	G	T	I	B	U	R	Ó	N
A	I	U	D	E	L	F	Í	N
L	C	V	T	E	R	O	B	A
A	B	G	O	L	U	C	U	N
M	O	C	A	D	F	O	C	A
A	C	A	N	G	R	E	J	O
R	U	B	A	L	L	E	N	A

3 Observa los dibujos y completa las oraciones.

collar violín sirena catalejo acordeón roca

El delfín toca el ____________________

La ballena juega con una ____________________

La foca baila ____________________

El cangrejo mira por ____________________

____

____

19 LOS MONOS Y LOS GORILAS

- Semejanzas y diferencias.

Los monos y los gorilas se parecen mucho.
Pero entre ellos existen diferencias.

Los monos tienen cola y los gorilas no tienen cola. Los gorilas tienen la cabeza grande; en cambio, los monos tienen la cabeza pequeña. Los gorilas tienen los brazos más largos que las piernas. Los monos tienen los brazos tan largos como las piernas. Los monos tienen el sentido del olfato muy desarrollado. El sentido más desarrollado de los gorilas es la vista.

1 Subraya en el texto.

- De azul, cómo es la cabeza de los gorilas.
- De rojo, cómo tienen los gorilas los brazos.
- De verde, cómo tienen los monos el sentido del olfato.
- De naranja, cómo son los brazos de los monos.

2 Observa las ilustraciones y escribe mono o gorila según corresponda.

3 Escribe los contrarios.

Cabeza grande ______

Brazos largos ______

Piernas cortas ______

Buena vista ______

4 Rellena las fichas.

LOS GORILAS

- Tienen la ______ grande.
- No tienen ______
- Tienen los brazos ______
- Tienen el sentido ______

______

LOS MONOS

- Tienen la ______ pequeña.
- Tienen ______
- Tienen los brazos ______
- Tienen el sentido ______

______

20 El Mapa del Tesoro

- Lectura de imágenes.
- Relación entre afirmaciones e imágenes.

1 Repasa el camino que debe seguir el pirata para encontrar el tesoro.

2 Después de dibujar el camino, escribe V (verdadero) o F (falso).

- [ ] El pirata tiene que pasar por la puerta de la casa.
- [ ] Tiene que cruzar el río y escalar una montaña.
- [ ] El pirata pasa entre los árboles.
- [ ] Al final, tiene que levantar unas piedras para conseguir el tesoro.
- [ ] Luego, el pirata vuelve a su casa pasando por la puerta del establo.

21 Quién es quién

- Identificación de los elementos de una imagen.

Lucas es un joven de quince años, lleva un pantalón marrón y una camiseta de rayas rojas y verdes. Tiene una gorra naranja y va a jugar al fútbol con unos amigos.

1 Busca a Lucas en el dibujo y coloréalo como dice el texto.

2 Rodea en el texto todos los nombres de colores y cópialos. Después, pinta cada pañuelo de un color.

22 Tarta de queso

- Lectura y comprensión de instrucciones.

Ingredientes

Un paquete de galletas María.
Una tarrina de queso en crema.
Una cucharada de azúcar.
Una lata de leche evaporada.
Un limón.
Una cucharada de mantequilla.

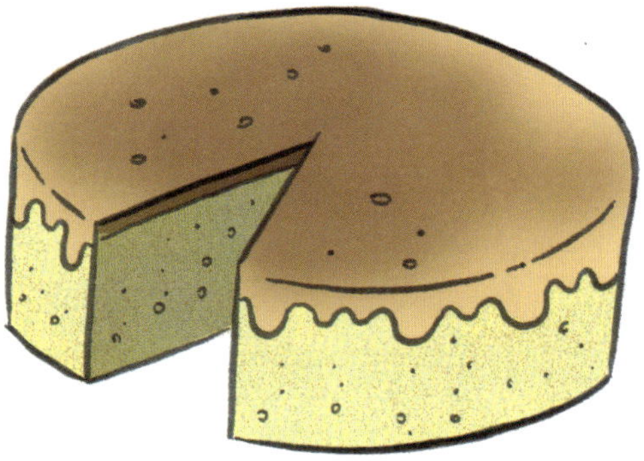

1 Une cada utensilio con el dibujo que lo representa.

Bolsa de plástico
Rodillo
Cazo
Molde
Cuchara de madera

Rallador
Cuenco
Papel de aluminio
Fuente

Instrucciones para hacer la tarta de queso:

1. Mete las galletas en una bolsa y rómpelas con el rodillo.
2. Derrite la mantequilla a fuego bajo, con ayuda de un adulto.
3. Mezcla la mantequilla con la pasta de galleta.
4. Echa en el cuenco el queso y bátelo. Añade la leche evaporada, poco a poco.
5. Pon, enseguida, un poco de ralladura de limón y el zumo.
6. Vierte la mezcla sobre la base de galletas y mete la tarta en la nevera.

2 Observa las ilustraciones y numéralas.

23 EL ESCONDITE

- Relación entre textos e imágenes.
- Comprensión de datos.

1 Encuentra el elemento que no corresponde en cada dibujo y rodéalo.

Sheila, Javier y Susana juegan al escondite. Sheila se tapa los ojos y cuenta hasta treinta.

Sheila busca a sus amigos. Encuentra a Javier escondido detrás de un árbol.

Susana se ha escondido muy bien, así que Sheila y Javier no pueden encontrarla. Los dos se ponen a jugar a la peonza.

Después de mucho rato, Susana sale de su escondite. "¡Estoy harta de esperar!", les grita a sus amigos que se habían olvidado de ella.

2 Escribe V (verdadero) o F (falso).

- [ ] Cuatro amigos fueron a jugar a la pelota.
- [ ] Los amigos se llamaban Javier, Sheila y Susana.
- [ ] A Javier le tocó contar.
- [ ] El niño se escondió detrás de un árbol.
- [ ] Sheila encontró a Susana muy pronto.
- [ ] Los tres amigos se pusieron a jugar a la peonza.

3 Fíjate en los dibujos. Después, elige y contesta.

¿Dónde jugaban los niños?

en el parque	en la playa

Los niños jugaban ______________________________

¿Cuándo jugaban los niños?

de día	de noche

Los niños jugaban ______________________________

¿Dónde se escondió Susana?

debajo de un banco	detrás de una fuente

Susana se escondió ______________________________

¿Qué hace Susana al final?

se enfada	se va a su casa

Al final, Susana ______________________________

24 ADIVINA ADIVINANZA

- El sentido figurado de los textos.

1 Lee las adivinanzas y elige las respuestas. Después, cópialas.

Una cajita blanca
como la cal
que todos saben abrir
y nadie sabe cerrar.

el pollito
el huevo
el gallo

Es ______________________

Verde me crié,
rubio me cortaron,
prieto me molieron,
blanco me amasaron.

el trigo
el campo
el río

Es ______________________

Uno larguito,
dos más bajitos,
otro chico y flaco
y otro gordazo.

los ojos
los dedos
los pies

Son ______________________

Soy una cinta de plata
que atraviesa los campos.
Sobre mí ruedan coches,
camiones y carros.

la calle | la moto | la carretera

Es ______________________

¿Qué cosa es
que silba sin boca,
corre sin pies,
te pega en la cara
y tú no lo ves?

el calor | el viento | el trueno

Es ______________________

Un platito de avellanas
que de día se recoge
y de noche se derrama.

las estrellas | las nubes | las plantas

Son ______________________

25 ¡QUÉ LÍO DE BICHOS!

- Descripción de personajes.
- Nombres propios.

Roberto es el perro de piel blanca con manchas negras. Su hermana, Flora, es toda negra.

El gato Braulio tiene la piel a rayas y su novia es blanca y se llama Berta.

El oso Bruno tiene la piel marrón; su amiga Beatriz es una osa polar de piel blanca.

1 Observa la fotografía y rodea los animales que se nombran en el texto.

2 Completa las fichas de cada animal con la información del texto. Fíjate en el modelo.

Nombre: Roberto

Tipo de animal: Perro

Color de la piel: Blanca con manchas

Nombre: Flora

Tipo de animal: Perra

Color de la piel:

Nombre:

Tipo de animal:

Color de la piel:

Nombre:

Tipo de animal:

Color de la piel:

Nombre:

Tipo de animal:

Color de la piel:

Nombre:

Tipo de animal:

Color de la piel:

26 LOS HABITANTES DE LA LAGUNA

- Datos verdaderos y datos falsos en un texto.

1 Lee los textos y subraya en cada caso el dato que es falso.

LOS PATOS

Los patos viven en las lagunas y en las charcas. Son aves y saben volar y nadar. Los patos tienen el pico ancho, el cuerpo cubierto de plumas y las patas en forma de aletas de buzo. Los patos suelen viajar en avión con sus amigos.

LAS RANAS

Las ranas viven también en las lagunas y en las charcas. Saben nadar muy bien y tienen la piel verde y escurridiza. Las ranas ponen huevos y, de ellos, salen los renacuajos. Cuando los renacuajos son grandes, se hacen ranas como sus padres. Las ranas cantan su "Pío, pío, pío" en las noches de verano.

LOS VERDERONES

Los verderones son pájaros pequeños. Hacen sus nidos en las ramas de los árboles con barro, ramitas, hierbas y paja. Los verderones ponen huevos. Los pajaritos recién nacidos tienen los ojos cerrados y no tienen ni una pluma. Los verderones se llaman así porque tienen las plumas negras.

LAS HORMIGAS

Muchas hormigas hacen sus hormigueros al pie de los árboles. Las hormigas son insectos muy trabajadores y también nacen de huevos. Las hormigas son animales muy grandes.

2 Marca la respuesta correcta.

¿En qué se parecen los cuatro animales que aparecen en estas páginas?

- ☐ En que todos son grandes y fuertes.
- ☐ En que todos tienen pico y plumas.
- ☐ En que todos nacen de huevos.
- ☐ En que todos viven en los árboles.

27 UNA HISTORIA FEA

- Descripción de personajes.
- Palabras que explican cómo son los elementos de la historia.

1 Rodea las palabras que indican cómo son los personajes. Después, colorea.

Había una vez un príncipe muy antipático
que siempre estaba enfadado.

Un día, apareció un dragón gigante junto
a su palacio y le preguntó:

–¿Quieres ser amigo mío?

El príncipe se acercó a él y le dijo:

–Eres un dragón muy feo.

El dragón se puso triste y le contestó:

–Tú sí que eres feo y antipático. Por eso tienes
pocos amigos.

El dragón se marchó y el príncipe se quedó solo
otra vez.

28 UNA HISTORIA BONITA

- Palabras que significan lo contrario.

1 Relaciona cada palabra con la que significa lo contrario.

antipático	diminuto
enfadado	guapo
gigante	simpático
feo	contento
pocos	alegre
triste	muchos

2 Completa la historia para que sea contraria a la anterior.

Había una vez un príncipe muy ____________

que siempre estaba ____________

Un día, apareció un dragón ____________ junto

a su palacio y le preguntó:

–¿Quieres ser amigo mío?

El príncipe se acercó a él y le dijo:

–Eres un dragón muy ____________

El dragón se puso ____________ y le contestó:

–Tú sí que eres ____________ y ____________

Por eso tienes ____________ amigos.

29 SAPO Y SEPO SON AMIGOS

- Comprensión de las situaciones que componen una historia.

1 Lee el texto.

Sepo estaba sentado en el porche.
Sapo pasó por allí y dijo:
–¿Qué te pasa, Sepo? Pareces triste.
–Sí –dijo Sepo–. Este es mi rato triste del día.
Es el momento en que espero que venga el correo.
Me hace siempre muy desgraciado.
–¿Y eso por qué? –preguntó Sapo.
–Porque nunca tengo carta –dijo Sepo.
–¿Nunca? –preguntó Sapo.
–No, nunca –dijo Sepo–. Nadie me ha enviado nunca una carta. Todos los días mi buzón está vacío. Es por lo que esperar el correo es un momento triste para mí.
Sapo y Sepo se sentaron en el porche, sintiéndose tristes juntos. Luego, Sapo dijo:
–Tengo que irme a casa ya, Sepo. Hay algo que debo hacer.

Sapo se marchó a casa rápidamente.
Encontró un lápiz y un trozo de papel.
Escribió en el papel.
Metió el papel en el sobre.
En el sobre escribió: "Carta para Sepo".
Sapo salió corriendo de su casa.

Vio a un caracol al que conocía.
-Caracol -dijo Sapo-, por favor, toma esta carta para Sepo y ponla en el buzón de su casa.
-De acuerdo -dijo el caracol-. Ahora mismo.
Luego, Sapo volvió corriendo a la casa de Sepo.
Este estaba en la cama, echándose la siesta.
-Sepo -dijo Sapo-, creo que debes levantarte y esperar el correo un poco más.
-No -dijo Sepo-, estoy cansado de esperar el correo.

2 Contesta las preguntas.

¿Cómo se llaman los personajes? ______________________

¿Qué hizo Sapo en su casa? ______________________

¿Quién tenía que llevar la carta? ______________________

Sapo miró por la ventana el buzón de Sepo.
El caracol no había llegado todavía.
-Sepo -dijo Sapo-, nunca se sabe cuándo puede enviarte alguien una carta.
-No, no -dijo Sepo-. Creo que nadie me enviará nunca una carta.
Sapo miró por la ventana.
El caracol todavía no había llegado.
-Pero, Sepo -dijo Sapo-, alguien puede enviarte una carta hoy.
-No seas bobo -dijo Sepo-. Nadie me ha enviado nunca una carta antes y nadie me enviará una carta hoy.
Sapo miró por la ventana.
El caracol todavía no había llegado.
-Sapo, ¿por qué te quedas mirando por la ventana? -preguntó Sepo.
-Porque ahora estoy esperando el correo -dijo Sapo.
-Pero no habrá nada -dijo Sepo.

-¡Oh!, sí que habrá -dijo Sapo.
-¿Qué has escrito en la carta?
Sapo dijo:
-Escribí: "Querido Sepo, estoy contento de que tú seas mi mejor amigo. Tu mejor amigo, Sapo".
-¡Oh! -dijo Sepo-, es una carta preciosa.
Entonces, Sapo y Sepo salieron al porche de la entrada a esperar el correo.
Se sentaron allí, sintiéndose felices juntos.
Sapo y Sepo esperaron mucho rato.
Cuatro días más tarde el caracol llegó a la casa de Sepo y le dio la carta de Sapo.
Sepo se alegró mucho de recibirla.

ARNOLD LOBEL

3 Contesta las preguntas.

¿Cuánto tiempo tardó el caracol en llegar a casa de Sepo? ______________________

¿Cómo se sintió Sepo al recibir la carta? ______________________

____

SOLUCIONARIO

1 PÁGINA 6

1. Respuesta gráfica (R. G.).

PÁGINA 7

2. La e de *elefante*.
   La *a* de *ardilla*.
   La *o* de *oso*.
   La *i* de *iguana*.
   La *u* de *urraca*.

3. Los timpis recortan.
   Los timpis dibujan.
   Los timpis juegan.
   Los timpis escriben.

2

PÁGINA 8

1. Hay que subrayar cabeza, garganta, orejas.
2. Al muñeco de trapo
   le duele la nariz,
   el médico le manda
   agua con regaliz.

   Al muñeco de trapo
   le duelen los dientes,
   el médico le manda
   ponerse pendientes.

PÁGINA 9

3. R. G.

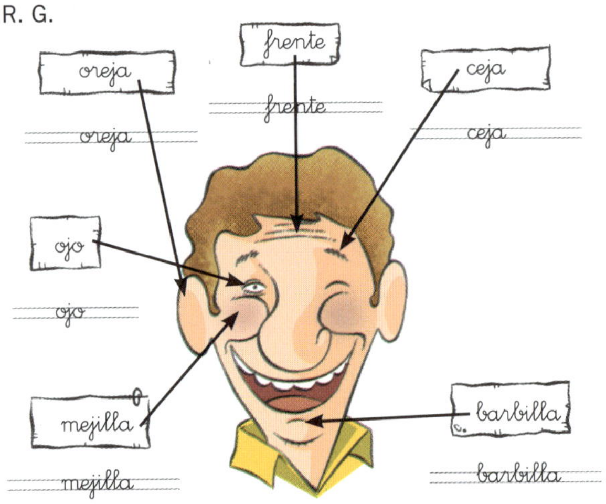

4. R. G.

3

PÁGINA 10

1. Hola, abuelos.
2. La carta la escribe Celia.
3. Un beso muy fuerte.

PÁGINA 11

4. R. G.

5. R. G. Unos prismáticos.

4

PÁGINA 12

1. Animales: lagartija, ternerillo, corderitos, gatos, gata, gallina, pollitos, lagartijas.
   Colores: dorada, verde.
2. La pradera era verde.

PÁGINA 13

3. Respuesta libre (R. L.).
4. ③ ④
   ② ①
   ⑤ ◯
   No corresponde al cuento el dibujo del león y el elefante.

5

PÁGINA 14

1. R. G.

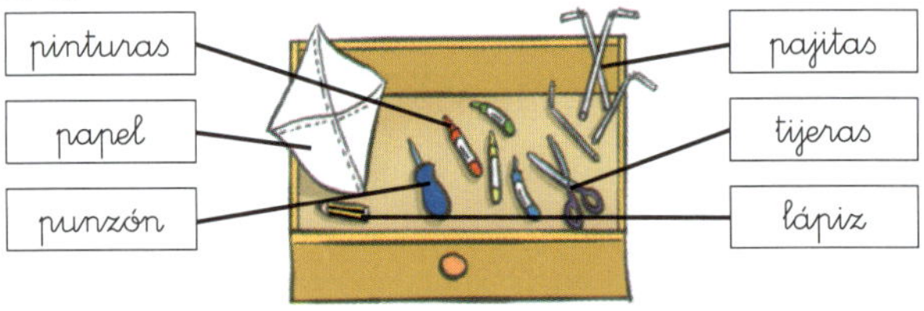

2. ① ⑥ ⑤
   ④ ③ ②

PÁGINA 15

3. Recorta un cuadrado.
   Colorea como más te guste.
   Recorta por las líneas de puntos.
   Dobla las puntas hacia el centro.
   Pincha todo en un palo.
   Sopla y hazlo girar.

6

PÁGINA 17

1. Ingredientes: Un paquete de macarrones, queso rallado y un bote de tomate.
   Forma de hacerlo: Cocer los macarrones con agua y sal.
   Añadir el tomate frito a los macarrones y revolver.
   Echar el queso sobre los macarrones y gratinar.

7

PÁGINA 19

1. El día 1 de julio, ir a la casita de chocolate.
   El día 3 de julio, capturar a Hansel y Gretel.
   El día 10 de julio, visitar a Merlín.
   El día 25 de julio, ir a la fiesta de las brujas.
2. R. G.

8

PÁGINA 20

1. Patinar, deporte, jugamos, partido, tenis, nadamos, piscina, fútbol.
2. ② Tenis ① Patinaje
   ③ Natación ④ Fútbol

PÁGINA 21

3. Juego al tenis con la raqueta.
   Voy a patinar con los patines.
   Juego al fútbol con el balón.
   Voy a bucear con las gafas.
4. R. L.

9

PÁGINA 22

1. ⑧ Tomás ⑦ Laura
   ⑥ Andrea ① Enrique
2. Pijama, chándal, pantalones, camiseta, bañador.

PÁGINA 23

3. R. G.

10

PÁGINA 25

1. Se llama Tristán.
   Es de trapo.
   Toca la trompeta.
   El mono está enfadado.
   No se puede responder la última pregunta.

11

PÁGINA 26

1. El nombre de la pasajera es Alicia Pérez Pérez.
   El destino es Santa Cruz de Tenerife.
   El número de vuelo es AI033.
   La hora de salida es 16:30.

12

PÁGINA 27

2. Amable es un brujo
   con pelo de alambre.
   Lleva abrigo blanco
   y sombrero brillante.
   Por la noche vuela
   en su escoba plegable
   y llama a los timbres
   cuando tiene hambre.
   Todo el pueblo tiembla
   si lo ve en la calle,
   pero a mí me parece
   un brujo agradable.

3. Palabras con *br*: brujo, alambre, abrigo, sombrero, brillante, timbres, hambre, brujo.
   Palabras con *bl*: amable, blanco, plegable, pueblo, tiembla, agradable.

13

PÁGINA 28

1. Tejón, ardilla, comadreja, castor.

PÁGINA 29

2. El tejón quiso refugiarse en casa de la ardilla.
   Quiso entrar en la madriguera de la comadreja.
   El tejón intentó entrar en la casa del castor.

14

PÁGINA 30

1. Palabras subrayadas: padre, madre, hermano, abuelo, tía.
   R. G.

Personaje: El elemento extraño en el dibujo es el niño con el bocadillo.

PÁGINA 31

2. R. L.
3. Respuesta modelo (R. M.): He dibujado a mi abuela.
   Se llama Emilia.
   Es cariñosa y muy charlatana.
4. SOBRINA NIETO ABUELO PRIMO TÍO MADRE

15

PÁGINA 35

1. V, F, F, V, F, V.
2. Sopla el viento,
   calienta el sol,
   llora la lluvia,
   me mojo yo.

16

PÁGINA 36

1. Nombres de animales: osa, lobo, zorro.
   Nombres de personas: Felisa, Mariano, Andrés.
2. Colorear las tres viñetas que aparecen en la parte inferior.
3. La osa se llama Felisa.
   El lobo se llama Mariano.

17

PÁGINA 37

1. R. G.

18

PÁGINA 38

1. Delfín, cangrejo, pulpo.
2. R. G.

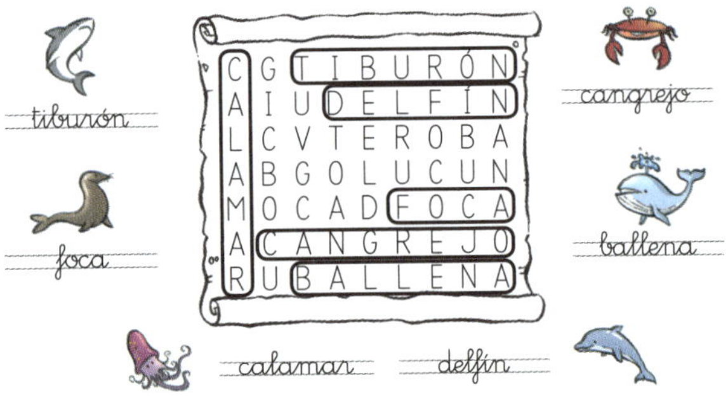

PÁGINA 39

3. El delfín toca el violín.
   La ballena juega con una sirena.
   La foca baila sobre una roca.
   El cangrejo mira por el catalejo.
   El tiburón toca el acordeón.
   El calamar se ha puesto un collar.

19

PÁGINA 40

1. Los gorilas tienen la cabeza grande.
   Los gorilas tienen los brazos más largos que las piernas.
   Los monos tienen el sentido del olfato muy desarrollado.
   Los monos tienen los brazos tan largos como las piernas.
2. GORILA MONO

PÁGINA 41

3. Cabeza grande → Cabeza pequeña
   Brazos largos → Brazos cortos
   Piernas cortas → Piernas largas
   Buena vista → Mala vista
4. LOS GORILAS: Tienen la cabeza grande.
   No tienen cola.
   Tienen los brazos largos.
   Tienen el sentido de la vista muy desarrollado.

   LOS MONOS: Tienen la cabeza pequeña.
   Tienen cola.
   Tienen los brazos tan largos como las piernas.
   Tienen el sentido del olfato muy desarrollado.

20

PÁGINA 42

1. R. G.

2. V, F, V, V, F.

21

PÁGINA 43

1. R. G.

2. Marrón, rojo, verde, naranja.

22

PÁGINA 44

1. R. G.

PÁGINA 45

2. ⑤ ③
⑥ ④
② ①

23

PÁGINA 46

1. Dibujo 1: El animal que aparece al fondo de la ilustración.
Dibujo 2: La ardilla que aparece en el árbol.
Dibujo 3: La luna.
Dibujo 4: Susana está vestida de invierno.

PÁGINA 47

2. F, V, F, V, F, F.
3. Los niños jugaban en el parque.
Los niños jugaban de día.
Susana se escondió debajo de un banco.
Al final Susana se enfada.

24

PÁGINAS 48-49

1. Es el huevo.
Es el trigo.
Son los dedos.
Es la carretera.
Es el viento.
Son las estrellas.

25

PÁGINA 50

1. R. G.

PÁGINA 51

2. Nombre: Roberto.
Tipo de animal: Perro.
Color de la piel: Blanca con manchas.

Nombre: Flora.
Tipo de animal: Perra.
Color de la piel: Negra.

Nombre: Braulio.
Tipo de animal: Gato.
Color de la piel: Rayada.

Nombre: Berta.
Tipo de animal: Gata.
Color de la piel: Blanca.

Nombre: Bruno.
Tipo de animal: Oso.
Color de la piel: Marrón.

Nombre: Beatriz.
Tipo de animal: Osa.
Color de la piel: Blanca.

26

PÁGINAS 52-53

1. LOS PATOS. Dato falso: Los patos suelen viajar en avión con sus amigos.
LAS RANAS. Dato falso: Las ranas cantan su «Pío, pío, pío» en las noches de verano.
LOS VERDERONES. Dato falso: Los verderones se llaman así porque tienen las plumas negras.
LAS HORMIGAS. Dato falso: Las hormigas son animales muy grandes.

PÁGINA 53

2. En que todos nacen de huevos.

27

PÁGINA 54

1. Antipático, enfadado, gigante, feo, triste.

28

PÁGINA 55

1. antipático – simpático
enfadado – contento
gigante – diminuto
feo – guapo
pocos – muchos
triste – alegre
2. Había una vez un príncipe muy *simpático* que siempre estaba *contento*.
Un día apareció un dragón *diminuto* junto a su palacio y le preguntó:
–¿Quieres ser amigo mío?
El príncipe se acercó a él y le dijo:
–Eres un dragón muy *guapo*.
El dragón se puso *alegre* y le contestó:
–Tú sí que eres *guapo* y *simpático*.
Por eso tienes *muchos* amigos.

29

PÁGINA 57

2. Sapo y Sepo.
Escribir una carta.
El caracol.

PÁGINA 59

3. Cuatro días.
Muy alegre.

El cuaderno **70 ejercicios para mejorar la comprensión lectora**, para primer curso de Educación Primaria, es una obra colectiva, diseñada y creada en el departamento de Ediciones Educativas de Santillana Educación, S. L., dirigido por ENRIQUE JUAN REDAL.

En su realización ha participado el siguiente equipo:

Textos:
Esther Echevarría y Montserrat Herrero

Dibujos:
Javier Hernández

Edición:
Silvia Caunedo y Montserrat Herrero

Dirección de arte: José Crespo
Proyecto gráfico:
  Diseño de portada: Cristina Vergara
  Ilustración de portada: Avi
  Diseño de interiores: Martín León-Barreto
Jefa de proyecto: Rosa Marín
Coordinación de ilustración: Carlos Aguilera
Desarrollo gráfico: Raúl de Andrés, José Luis García y Javier Tejeda

Dirección técnica: Ángel García Encinar

Coordinación técnica: Ángeles Bárzano
Composición y montaje: Fernando Calonge y Luis González
Corrección: Cristina Durán

Dirección del proyecto:
LOLA NÚÑEZ MADRID

Avenida de los Artesanos, 6 – 28760 Tres Cantos
Printed in China

ISBN: 978-84-294-0789-1
CP: 846020
D.L. M-1537-2013